AF321885

ALLOCUTION

PRONONCÉE DANS L'ÉGLISE DE BOURG-D'IRÉ

par M. l'abbé F. CLAUDE

Chanoine honoraire, Supérieur de l'Institution de Combrée

AU MARIAGE

DE

M. le vicomte ALAIN LE GUALÈS DE MEZAUBRAN

AVEC

Mlle MADELEINE DE LA FOREST D'ARMAILLÉ

Le 27 Février 1889.

ANGERS

IMPRIMERIE DE A. BURDIN ET Cie

RUE GARNIER, 4

—

1889

MARIAGE

DE

M. le vicomte Alain LE GUALÈS DE MEZAUBRAN

AVEC

Melle Madeleine DE LA FOREST D'ARMAILLÉ

Le 27 Février 1889.

ALLOCUTION

PRONONCÉE DANS L'ÉGLISE DE BOURG-D'IRÉ

par M. l'abbé F. CLAUDE

Chanoine honoraire, Supérieur de l'Institution de Combrée

AU MARIAGE

DE

M. le vicomte ALAIN LE GUALÈS DE MEZAUBRAN

AVEC

Mᵉˡˡᵉ Madeleine DE LA FOREST D'ARMAILLÉ

Le 27 Février 1889.

ANGERS

IMPRIMERIE DE A. BURDIN ET Cⁱᵉ

RUE GARNIER, 4.

1889

Ce jour, en amenant auprès de vous une foule de parents et d'amis joyeux de votre bonheur, vous apporte les meilleurs témoignages d'affection et de sympathie.

Le deuil récent qui voile l'éclat de cette fête ne peut interdire à vos familles, à vos amis, à une paroisse qu'animent le respect et l'affection, de vous faire comme un cortége triomphal et de remplir cette église, au moment où va se célébrer votre union. Dès qu'il s'agit de votre bonheur, tous les cœurs sont émus; tous les vœux s'unissent pour appeler sur votre jeunesse les joies les plus douces et le sourire du Ciel sur toutes vos espérances.

C'est bien vers le Ciel que doivent monter nos regards. Le serment que, dans le bonheur et la sincérité de vos âmes, vous allez déposer devant l'autel, entre les mains du prêtre heureux de vous bénir, il n'appartient qu'à Dieu de le ratifier en souverain; lui seul, dans sa bonté toute-puissante, peut exaucer en votre faveur nos souhaits et nos prières.

Or, voyez la tendresse du Divin Maître pour les

jeunes époux. C'est par condescendance pour eux qu'assistant avec sa sainte Mère aux noces de Cana il opère son premier miracle. Les eaux de la félicité humaine sont souvent fades et infécondes; il les change en un vin fortifiant et généreux.

N'a-t-il pas voulu lui-même servir de modèle à la tendresse mutuelle des époux? « *Comme le Christ a aimé son Église*, dit l'Apôtre, *et s'est livré pour elle, ainsi l'époux doit aimer son épouse* (Éphés., v, 25) » et se dévouer pour elle. « *La charité*, dit-il encore, *est patiente, bienveillante, ni jalouse, ni perfide, ni ambitieuse; elle n'est point égoïste, ne s'irrite point, ne pense point à mal, ne s'égaie point des faiblesses d'autrui; elle souffre tout, elle supporte tout* (I Cor., XIII, 4, 5, 6). Quel résumé de vos devoirs, et quel modèle proposé à votre imitation! Car l'amour du chrétien, enté sur la charité divine, devient fort comme la mort. Ce n'est point qu'il perde de ses charmes : il peut sourire au monde, mais il se tient chaste et délicat, embaume le cœur sans en troubler la paix, pare le foyer de pures délices. Bienheureux est le couple qui suit fermement les traces de l'adorable Époux de nos âmes!

Mais il y a plus encore. C'est un sacrement de la Loi nouvelle, que Jésus-Christ a institué pour l'état où vous entrez. Il contient une grâce spéciale, qui désormais vous appartiendra. Cette grâce est une lumière : elle donnera la prudence à vos démarches et la sagesse à vos décisions. C'est une force surhumaine, qui vous

rendra doux et léger le joug du devoir que vous allez
porter ensemble : avec elle nulle vertu ne vous sem-
blera trop difficile. C'est une source toujours vive, où
se retrempera votre courage dans les jours de défail-
lance ou d'épreuve. C'est une dignité inviolable, qui va
s'attacher à vos promesses. C'est enfin comme une
onction sainte, qui fera reluire au front du père et de la
mère une sorte de royauté ou plutôt de sacerdoce pour
lequel l'enfant aura, de lui-même, un respect aussi
profond que doux. *Sacrement vraiment grand dans le
Christ* (Éphés., v, 32), puisqu'il enlève la bassesse et
l'inconstance aux affections humaines, puisqu'il féconde
pour le Ciel les sacrifices journaliers de la vie com-
mune, puisqu'enfin il honore l'homme et la femme
d'un ministère sacré, celui d'élever des enfants pour la
gloire de Dieu, en chérissant en eux le plus touchant
de ses dons.

Un don de Dieu, oui, vous le fûtes pour vos bien-
aimés parents! Ils virent en vous une bénédiction céleste
sur leur noble sang; ils virent en vous le dépôt sacré
d'une âme. Que de soins, que de vigilance, que d'amour
dépensés autour de votre berceau, de votre enfance et
de vos jeunes années! Les maîtres les mieux choisis
continuèrent l'éducation si chrétienne du foyer. Vous
grandissiez pour la joie de vos familles, et déjà la
redoutable question de l'avenir les remplissait de
soucis.

Elles comptaient sans la bonne Providence, qui ne sème dans la jeunesse d'irrésistibles attraits que pour la guider vers son bonheur. Il y a longtemps, Monsieur, que vous viviez sous le charme des qualités de celle qui va devenir votre épouse. N'est pas vêtu qui veut comme le lys de nos champs, à la tige ferme et svelte; son teint velouté, son doux éclat, sa grâce et son parfum, lui assurent la royauté des fleurs. Mais Dieu, qui lui a fait cette parure plus belle que *toute la gloire de Salomon* (Math., VI, 28), ne veut qu'élever nos pensées vers ses propres attributs. Sous la beauté qui rayonne, et qui passe, vous avez découvert sans peine des dons solides : l'intelligence vive et cultivée, la volonté droite, la tendresse et la piété, la distinction qui plaît au monde, la vraie vertu qui craint Dieu.

C'est justement par les plus précieuses de ces qualités, Mademoiselle, que vous avez apprécié l'homme à l'abord simple et franc, aux traits pleins de bonté, au cœur large, aux habitudes chrétiennes, dont vous désiriez faire l'appui de votre vie. Comme la viorne flexible s'attache au chêne, ainsi la grâce angevine inclinait à s'allier à la force bretonne. Mêmes pensées délicates et sérieuses, même éducation, même foi, mêmes traditions aussi, vous rapprochaient l'un de l'autre.

Ces traditions communes remontent loin dans l'histoire. Les chroniques de Bretagne — vos origines sont également bretonnes — nous montrent, dès le temps des Croisades, les *La Forest d'Armaillé* et les *Le Gualès de Mezaubran* constamment au service de leurs princes, de la patrie et de l'Église. Aux côtés de Saint Louis, à la Massoure, combattait Pierre de La Forest; Guillaume, maréchal de camp, succombait à Azincourt en luttant contre l'Anglais envahisseur; sous les ordres des grands capitaines, Du Guesclin, Olivier de Clisson, Arthur de Bretagne, entre les preux chevaliers, parmi les meilleures lances, figurent toujours les La Forest, en attendant que, plus près de nous, au nombre des géants de la Vendée, combatte et meure, pour son Dieu et pour son Roi, Augustin-Médard de La Forest d'Armaillé, dont les trois fils soutiennent la même cause, — l'un d'eux, le chevalier Ambroise d'Armaillé, fut votre grand-père, Mademoiselle, — et que son héroïque femme, Anne Gourreau de la Blanchardière, dame de la Douve, subisse, à Nantes, avec trois de ses filles, vos grandestantes, le martyre des noyades.

Aux mêmes époques, Monsieur, vos aïeux, seigneurs de Mezaubran, Kerson, Pennoas et autres lieux, dans les juridictions de Lannion et de Saint-Brieuc, *se comportaient et gouvernaient noblement et advantageusement tant en leurs personnes que biens* (Chroniques). Compatriotes de Du Guesclin, en guerroyant à sa suite, ils ont dû rencontrer ce Guillaume de La Forest, qui signa la ratification du traité de Guérande (1381) entre le roi de France et le duc Jean ; ou bien, bravant les orages de l'Océan, ce sol mouvant du Breton, leurs vaisseaux fraternisaient avec *la Barque de Morlaix*, sur laquelle Nicolas de La Forest rendit à son duc de signalés services (1487). Sûrement, Mgr de La Forest, évêque de Quimper au XIIIe siècle, connut l'abbé Le Gualés, qui gouverna vers la même époque l'abbaye du Rellec, où sa mémoire était en vénération, deux siècles et demi plus tard (1668), *pour les marques authentiques qu'il y a laissées de ses bienfaits* (Chroniques).

Tandis que Guillaume de La Forest, prieur des Carmes à Nantes, représente son duc devant les ambassadeurs royaux (1482), tandis que Marye Le Gualés fonde le collège de Tréguier (1519), François de Buisseret naît dans les Flandres, pour être l'honneur des familles de Buisseret et de La Barre (1549). Doué de facultés brillantes, il tient le premier rang à Louvain, à Rome, à Bologne, où il est ordonné prêtre par un ami de Saint Charles Borromée et conquiert les palmes de docteur. Nommé bientôt évêque de Namur, puis archevêque de Cambrai, il fait admirer, dans l'exil comme dans ses hautes fonctions, les plus saintes et les plus belles vertus. Alliés aux Sainte-Aldegonde, aux Cossé, aux Mortemart, les de Buisseret ajoutent, comme les de Kerautem, au riche héritage de souvenirs qui va vous devenir commun, en vous rappelant combien *noblesse oblige*.

Plus douce et plus forte encore est la leçon vivante que depuis votre enfance vous trouvez l'un et l'autre dans l'exemple de vos parents. Également fermes et

pieuses, vos mères vous ont appris le chemin du sanc-
tuaire avant celui du monde. Capables de vous guider
en tout, elles n'ont eu qu'à vous montrer leur vie pour
vous former à la délicatesse, au respect, aux œuvres
charitables, à une religion aussi fervente que bien
comprise.

Les souvenirs de votre père, Monsieur, vous retra-
çaient tous les devoirs du bon Français et du bon
chrétien, ce qui semble bien inséparable. Avec votre
mère, avec votre frère aîné qui, parmi de si bons
exemples, vous a donné celui d'une noble alliance, vous
avez su de bonne heure faire le bien en distribuant le
travail autour de vous ; la population du Légué honore et
bénit votre nom. Vos âpres côtes, leurs sites grandioses,
vos navires fendant les ondes, vous rappelaient que
Dieu est notre maître, que la vie est un combat et qu'il
la faut remplir de mâles vertus.

Près de vous, Mademoiselle, dans cette riante Douve,
aux jeunes ombrages, aux eaux tranquilles, veillait
sans cesse le plus tendre des pères, le père souvent
anxieux pour son triple trésor ; le modèle des maris,
pour qui la moindre absence est un veuvage ; le cœur
d'or ; la bonne grâce et la courtoisie mêmes ; le chevalier de l'amitié, qui, dans ses chevauchées matinales,
va porter au voisinage ou ses services ou sa causerie
charmante ; l'homme dévoué à ses concitoyens, abor-
dable à tous ; le chrétien aussi exact que convaincu ;
l'exemplaire enfin de ces vertus aimables que vous ne

cesserez de copier, que vous ferez copier à vos enfants, tant que vous serez sur terre.

Douces et chères images ! Ah ! vous allez partir, les emportant dans vos cœurs ; mais souvent vous reviendrez, pour la joie de cette paroisse qui vous aimera toujours, pour le bonheur d'une sœur et d'un frère chéris, vous reviendrez cherchant à combler à deux le vide qui va se faire autour d'un père et d'une mère adorés.

Mais trêve enfin à ces émotions de la terre. Agenouillez-vous ensemble, sous les regards de cette foule attendrie, de vos nobles témoins, devant l'autel que Dieu habite et qui contient la grâce. Dites qu'entre vous c'est à la vie et à la mort. Jésus, ratifiant votre parole, va faire jaillir de son cœur l'abondante bénédiction que nous lui demandons tous et qui, vous ayant sanctifiés tous deux pendant de longs jours sur la terre, vous réunira dans le même bonheur éternel.

Ainsi soit-il.